AF331440

# EDICT DV ROY,

## PORTANT REVOCATION
de l'Edict de creation d'vn second
Aduocat, & Procureur du Roy
Alternatif en chacune Eslection
de ce Royaume, du mois de Decembre dernier.

*Verifié en la Chambre des Comptes,*
*& Cour des Aydes.*

# A PARIS,
Chez C. MOREL, P. METTAYER, &
A. ESTIENE, Imprimeurs
ordinaires du Roy.

## M. DC XXVI.
*Auec Priuilege de sa Majesté.*

**L**OVIS par la grace de Dieu, Roy de France & de Nauarre: A tous presens & à venir, Salut. Par nostre Edict du mois de Decembre dernier, registré en nostre Chambre des Comptes, & Cour des Aydes de Paris: Et pour les considerations y contenuës, Nous auós creé des Procureurs Alternatifs & des Aduocats pour nous és Elections de ce Royaume, pour iouïr des mesmes gages que ceux qui sont à present pourueus de semblables Offices: duquel Edict nosdits Aduocats & Procureurs anciens ayans eu aduis, Ils nous auroient faict seurs tres-humbles remonstrances en nostre Conseil, du preiudice que leur

A ij

apporteroit l'execution dudit Edict,
qui leur diminuëroit de moitié la fon-
ction de leurs charges : Outre que
ceste augmentation d'Officiers tour-
neroit à charg  à nos subjets contri-
buables aux Tailles, & apporteroit
vn desordre & confusion en nos affaires, attendu que celles où nous
auons interest ne pourroient estre
deuëment poursuiuies. Les vns ayans
sujet d'ignorer par l'intermission de
leur exercice, ce qui seroit aduenu
& ne leur auroit esté communiqué :
Novs requerans lesdits Procureurs
& Aduocats anciens, que pour les
considerations susdites : & attendu
qu'ils ont traitté de leurs Offices pour
iouïr dudit exercice côtinuel, auquel
consiste tout l'emolument de leurs
charges, Il nous pleust reuoquer ledit
Edict du mois de Decembre dernier,
pour ce qui concerne les seconds

Aduocats & Procureurs Alternatifs pour nous esdites Elections seulement, sans qu'ils puissent estre restablis à l'aduenir pour quelque cause & occasion que ce soit : Offrans pour nous secourir en la necessité presente de nos affaires de nous payer finance raisonnable, pour iouïr de pareils gages que ceux attribuez ausdits nouueaux Offices : Pour le payement de laquelle finance ils se seroient sousmis à telles contraintes qu'il nous plairoit ordonner. SVRQVOY, apres auoir mis cet affaire en deliberation en nostredit Conseil, où estoient la Royne nostre tres-honoree Dame & Mere, aucuns Princes de nostre Sang, autres Princes & Officiers de nostre Couróne, & Sieurs de nostredit Conseil : Et de nostre certaine science, pleine puissance & auctorité Royale, Ayans esgard ausdites remonstran-

A iij

ces de nofdits Aduocats & Procureurs efdites Eflections , defirans les
fauorablement traitter , AVONS par
cettuy noftre prefent Edict perpetuel
& irreuocable , Reuoqué & reuo-
quons noftredit Edict du mois de
Decembre dernier , en ce qui concerne la creation defdits feconds Aduocats & Procureurs Alternatifs pour
nous, & fuppreffion de leurs Subfti-
tuts efdites Eflections feulement.
Voulons que ceux qui font à prefent
pourueus defdits offices en ioüiffent
con'me ils ont faict par le paffé, aux
gages, droicts, profits, efmolumens,
priuileges & exemptiós qui leur font
attribuez par les Edicts pour ce faicts:
Sans qu'à l'aduenir il foit par nous ou
nos fucceffeurs Roys pourueu aufdits
offices de feconds Aduocats, & nos
Procureurs efdites Eflections , eftre
rendus alternatifs pour quelque cau-

se & occasion que ce soit. Et par cettuy nostre Edict, Avons à nosdits
Aduocats & Procureurs esdites Eslections, suiuant leurs offres attribué
& attribuons pareils gages que ceux
dont ils ioüissent à present, & que
nous auons attribuez par nostredit
Edict ausdits offices de Procureurs, &
seconds Aduocats : Pour en iouïr par
augmentation de gages, tout ainsi &
en la mesme forme qu'ils font de
leurs anciens gages : Lesquels gages
de nouueau attribuez, Nous auons
joints & incorporez à leursdits offices : Voulons que le fonds en soit
laissé par chacun an, à commencer
au premier iour d'Auril prochain, és
mains des Receueurs de nos Tailles
au Chapitre de leurs anciens gages,
des premiers & plus clairs deniers à
nous reuenans bons de leurs receptes,
pour en faire le payement ausdits Of-

ficiers de quartier en quartier sur leurs quittances , que nous voulons estre alloüez en la despense des comptes desdits Receueurs sans difficulté : à la charge de payer par nosdits Aduocats & Procureurs és mains du Tresorier de nos parties Casuelles, ou au porteur de ses quittances, les sommes ausquelles ils seront pour ce taxez en nostre Conseil, dans vn mois, à compter du iour du commandement qui leur sera faict à personne, ou domicile: à peine ledit temps passé de subir les contraintes ausquelles ils se font sous-mis. Et où aucuns d'eux seroient refusans de payer leurs taxes, leurs Côpagnons d'office, & à leur defaut leurs Substituts les pourront payer, & ce faisant iouïr de ladite nouuelle attribution de gages, tout ainsi qu'eussent peu faire nosdits Aduocats & Procureurs ; le surplus de nostredit Edict du

du mois de Decembre dernier, en ce
qui concerne les Greniers à Sel, sorti-
ra son plein & entier effect. Si don-
nons en mandement à nos amez &
feaux Conseillers, les gens de nos
Comptes, & Cours de nos Aydes à
Paris & Montferrand, Presidens &
Tresoriers de France, & Generaux de
nos Finances des Generalitez du res-
sort desdites Cours, que le present
Edict ils façent lire, publier & regi-
strer, & iceluy entretenir, obseruer,
selon & ainsi qu'à chacun d'eux ap-
partiendra, sans permettre qu'il y soit
contreuenu : Nonobstant opposi-
tions où appellations quelsconques,
& sans preiudice d'icelles, nonobstant
aussi tous Edicts, Declarations, Ar-
rests & Reglemens à ce contraires:
Ausquels, & à la derogatoire des de-
rogatoires y contenuës, Nous auons
derogé & derogeons par ces presen-

B

tqs. Et afin que ce ſoit choſe ferme
& ſtable à touſiours, Nous auons à
icelles faict mettre & appoſer noſtre
ſcel, ſauf en autre choſe noſtre droict
& l'autruy en toutes. Donné à Paris
au mois de Mars, l'an de grace mil ſix
cens vingt-ſix. Et de noſtre regne le
ſeizieſme. Signé, LOVIS. Et ſur
le reply, Par le Roy, DE LOMENIE.
Et à coſté, Viſa. Et ſcellé du grand
ſceau de cire verte, ſur lacs de ſoye
rouge & verte.

*Leu, publié, & regiſtré en la Chambre
des Comptes, Ouy, & ce conſentant le
Procureur General du Roy, à la charge
que les Aduocats & Procureurs és Eſle-
ctions mentionnees en iceluy ne pourront
pretendre autre augmentation de gages que
celles attribuez à ſemblables offices creez
par l'Edict du mois de Decembre dernier,
& ſupprimez par le preſent: Leſquels ga-*

ges seront employez és Comptes des Tailles
par chapitre à part & separé : & que les
Roolles des taxes qui seront faites sur lesdits Officiers seront apportez en icelle
Chambre dans vn mois pour tous delais,
à fin d'y auoir recours & seruir de Con-
troolle quand besoin sera : les deniers des-
quelles taxes seront vtilement employez
aux vrgens & pressez affaires de sa Majesté, non ailleurs, à peine d'en respondre
par les ordonnateurs & parties prenan-
tes, en leurs propres & priuez noms: Les
deux Bureaux assemblez le vingt - qua-
triesme iour d'Auril, mil six cens vingt-six.
Signé,                    GOBELIN.

---

Registré en la Cour des Aydes, Ouy
le Procureur General du Roy, pour estre
executées selon leur forme & teneur, sans
toutesfois qu'à l'aduenir il soit pourueu ausdits offices de seconds Aduocats & Pro-

cureurs du Roy efdites Eflections, ny qu'ils
foient rendus alternatifs pour quelque cau-
fe & occafion que ce foit, conformément
au prefent Edict, & fuiuant l'Arreft du
iourd'huy donné les Chambres affemblees.
A Paris en ladite Cour des Aydes le
dix-neufiefme iour de Iuin, l'an mil fix
cens vingt-fix.

Signé,                     DV PVY.

---

# EXTRAICT DES REGISTRES
## de la Cour des Aydes.

VEV par la Cour les Lettres
patentes en forme d'Edict, don-
nees à Paris au mois de Mars
dernier, fignees Louis, & fur le reply, Par
le Roy, De Lomenie, à cofté vifa, & feel-
lees de cire verte fur lacs de foye rouge &
verte: Par lefquelles fa Majefté reuocque
fon Edict du mois de Decembre mil fix

cens vingt-cinq, en ce qui concerne la creation des seconds Aduocats & Procureurs
alternatifs pour sadite Majesté és Eslections de ce Royaume, & suppression de
leurs Substituts en icelles seulement, vou-
lant que ceux qui sont à present pourueuz
desdits offices en iouïssent comme ils ont
ont faict par le passé, aux gages, droicts,
profits, esmolumens, priuileges & exem-
ptions à eux attribuez par les Edicts sur
ce faicts, sans qu'à l'aduenir il soit par sadite Majesté ou ses successeurs Rois pourueu ausdits offices de seconds Aduocats,&
les Procureurs du Roy esdites Eslections
estre rendus alternatifs pour quelque cause & occasion que ce soit: & par ledit Edict
sadite Majesté a ausdits Aduocats &
Procureurs esdites Eslections suiuant leurs
offres, attribué pareils gages que ceux dont
ils iouïssent à present & qui auoient esté
attribuez par ledit Edict ausdits offices de
Procureurs & seconds Aduocats, pour en

ioüir par augmentation de gages, tout ainfi
qu'ils font de leurs anciens gages, lefquels
gages de nouueau attribuez fadite Majefté auroit ioints & incorporez à leurfdits
offices, à la charge de payer aux parties Ca-
fuelles les fommes aufquelles ils feront taxez au Confeil dans vn mois apres le commandement qui leur en fera faict, à peine
ledit temps paffé de fubir les contraintes
aufquelles ils fe font fousmis. Et où aucuns
d'eux feroient refufans de payer leurs taxes, leurs compagnons d'office, & à leur
defaut leurs fubstituts les pourront payer,
& ce faifant ioüir de ladite nouuelle attribution de gages, tout ainfi qu'euffent peu
faire lefdits Aduocats & Procureur du
Roy : le furplus dudit Edict de Decembre
dernier, en ce qui concerne les greniers
à Sel fortira fon plain & entier effect,
le tout comme il eft plus au long porté par
ledit Edict. Conclufions du Procureur General du Roy & tout confideré : LA

COVR les Chambres assemblees, a or-
donné *&* ordonne que lesdites Lettres en
forme d'Edict seront registrees au Greffe
d'icelle pour estre executees selon leur forme *&* teneur, sans toutesfois qu'à l'aduenir il soit pourueu ausdits offices de seconds
Aduocats *&* Procureurs du Roy esdites
Eslections ny qu'ils soient rendus alternatifs pour quelque cause *&* occasion que ce
soit, conformément audit Edict. Faict à
Paris en la Cour des Aydes, le dix-neufies-
me iour de Iuin, l'an mil six cens vingt-six.
Signé,                     DV PVY.

Collationné aux originaux, par moy Conseil-
ler, Secretaire du Roy & de ses Finances.